은행나무 평전

전상욱 시집

문학공원 시선 219

은행나무 평전

전상욱 시집

시적 진실과 사물의 안위를 위한 시학

문학공원

그는 나와 절친 사이

그를 보면 꽃이 먼저 생각난다
조화가 아니라 매일 피어나는 생화(生花)
늘 진행형이다

꽃술을 더듬으며 사랑을 나눈다
때로는 상처받고 좌절하다가도
너의 향기는 큰 힘이 된다

달맞이꽃 한 송이 피우기 위해
달님은 밤새 이슬을 마신다
오로지 연습과 반복
나 또한 시를 꽃 피우기 위해
습작과 퇴고 온 정성을 부어 넣는다

기쁨과 아픔 사이 눈 지그시 감고
세속과의 관계 재설정 중이다

* 2023년 봄날에

내게 지금은 호시절

누구에게나 호시절이 있다. 사람들은 등 따시고 배부르면 호시절이라 여기지만, 사실은 호시절이라는 말은 전성기를 뜻하는 말도, 부유함을 뜻하는 말도 아니라 생각한다. 그렇다면 호시절이란 자기가 좋아하는 것을 마음껏 할 수 있는 시절이 아닐까?

평생동안 경찰관으로 살아왔다. 경찰관이란 직업을 통해 국가와 사회에 봉사한다는 자부심도 가지고, 처자식 잘 봉양했다는 자긍심도 가졌지만 늘 뭔가 허전하다는 생각을 하며 살아왔다.

그러다가 우연히 시를 만났을 때 나는 그야말로 호시절에 들어섰음을 깨달았다. 시란 무엇일까? 흔히 사람들은 "시를 써서 밥이 나오냐, 돈이 나오냐?"라고 묻지만, 나는 인생을 밥 먹어서 똥이나 만들고, 돈벌어 옷이나 사 입는 삶으로 해석하긴 싫었다.

사람으로 태어났다면, 그래도 뭔가 이름 석 자를 남기고 가야 하는데, 경찰관이 도둑을 잡았다고 해서 후세에 이름 석자를 남기고 가는 것은 아니고, 농부가 쌀농사의 수확량을 늘렸다고 해서 후대에 이름을 남기고 가는 것은 아니며, 사업가가 돈을 많이 벌어 건물을 여러 개 가지고 살았다고 해서 그 사람이 후대에 이름을 남기기는 어렵다.

그런데 시(詩)를 쓰는 사람은 그 사람이 어떤 환경에서 무얼 먹고 살았는지와 관계없이 김소월은 「진달래꽃」으로, 윤동주는 「서시」로, 정지용은 「향수」로 김영랑은 「모란이 피기까지는」으로 우리들 가슴 속에서 영원히 살고 있다.

늦게 시작한 내 시가 자손만대 영원히 살아남으면 좋겠지만, 지금 함께 살고 있는 이웃과 동료들에게만이라도 기억에 남았으면 좋겠다. 내 가족들에게 푸른 풀밭을 일렁이게 하는 시원한 바람이었으면 좋겠다.

그리고 서문을 써주신 토닥토닥시발전소 소장 이영식 시인님과 현대문학사조 발행인 양상구 시인님, 이 시집을 출판해주시고 작품해설을 써주신 김순진 교수님께 감사드린다. 끝으로 나와 함께 어려운 인생을 살아온 아내 서금옥 씨와 아이들에게 고마움을 전한다.

2023년 봄

전상욱 배상

숨은 재능이 있었구나

홍 명 호 (은사님)

자네의 글을 읽고
그런 숨은 재능이 있었구나 감탄했어
축하드리네…
내면의 감정을
글로 아름답게 표현할 줄 아는 시인 전상욱 씨
건강과 행운이 같이하길 기원하네…
나는 永劫의 歲月 속에 八旬을 맞이했네
아름다웠던 青春은 이제 追憶에 그림자일 뿐
흰머리 잔주름 虛無만이 남은
하얀 늙은이가 되어버렸어
오랜 歲月 정주고 살아온 因緣들 너무도 고마워
말없이 흐르는 歲月 속에 따뜻한 정은 우정이 되었고
소리 없는 문자는 感情을 교류해주었네
정말 고마웠네

시집 발간을 축하합니다.

정 정 자 (은사님)

초등학교 교사로 처음 발령받고 60여 명의 아이들을 가르쳐야 했던 버겁고 힘들었던 시절, 그 시끌벅적하던 교실에서 크고 선한 눈망울로 그림같이 앉아서 선생님의 가르침에 열심히 귀 기울이던 꿈많은 소년 전상욱.

공부도 잘하고, 성실하고, 예의 바르며 모든 면에 다른 아이들의 귀감이 되었던 잘생긴 상욱이가 지금도 눈에 선합니다.

쏜살같이 지난 세월, 반세기가 지난 오늘, 3년을 함께 하면서 선생님의 가르침을 한 번도 어기지 않은 그 꿈 많던 소년은 어른이 되어 사회를 위해 열심히 봉사하다 정년을 마치고, 그동안 갈고 닦은 주옥 같은 글들을 모아 시집을 탄생시키게 됨에, 애독자의 한 사람으로서 한없는 축하와 찬사를 보냅니다.

아울러 나이 들어 책과 멀어진 나에게 작가님 어렸을 적, 착하고 선한 마음이 그대로 묻어나는 진솔하고 울림 있는 시를 읽게 해주셔서 참으로 감사합니다.

앞으로도 건강 잘 챙겨가면서 가슴에 품은 아름다운 시상들로 사람들을 즐겁고 행복하게 해주는 멋지고 향기 나는 큰 시인으로 거듭나길 기원하며, 시인으로 사는 전상욱 작가님의 아름답고 찬란한 미래를 열심히 응원하겠습니다.

- 1971년 영광백수초등학교 3, 5, 6학년 담임선생님

차례

서시 - 그는 나와 절친 사이 … 4
시인의 말 - 내게 지금은 호시절 … 5
축사 - 홍명호(은사님) … 7
축사 - 정정자(은사님) … 8

1부 인생 이모작

긁지 않은 복권 … 16
이산가족(離散家族)을 찾다 … 18
오소리 순대집에서 … 20
미소된장국 … 22
빼저리다 … 24
곰피를 마시다 … 26
발바닥공원 … 28
나는 봉이다 … 30
공개 고백 … 32
사과의 맛 … 34
모퉁이 … 36
동행 … 38
특진 … 40
아침 헌장 … 42
지우개 … 44
동경 126° 북위 33° … 45
인생 이모작 … 46
경비지도사(警備指導士) … 48
괘종시계 … 50
안락의자 사이 … 52

2부 네 가지 마음 밭

울타리도 함께 짖었다 … 56
더 재밌는 일 … 57
겨울을 굽다 … 58
신선초 … 60
시 창고(倉庫) … 62
두 마음 하나 되어 … 66
네 가지 마음 밭 … 68
무수옥(無愁屋) … 70
장수지팡이 … 72
깜빡이 … 74
카페 '아를'에서 … 75
밑줄 떠억! … 76
은행나무 평전(評傳) … 78
풍문으로 들었소 … 80
두 권의 동화책 … 82

차례

3부 내 사랑 무수골

모기 행전(行纏) … 86

행주야 놀자 … 88

내리사랑 가죽 재킷 … 90

내 사랑 무수골 … 92

또 다른 시작, 壬寅年生 … 95

어떤 이별 … 96

이율배반 … 97

호두과자 … 98

그립다, 깡통 차기 … 100

마음치료사 … 102

홍삼 사랑이어라 … 104

가래떡데이 … 106

입춘대길(立春大吉) … 108

담임선생님 … 110

4부 도봉산 문인

길 · 1 … 112

도토리 부침개 … 114

도봉산 문인 … 116

밤손님 … 118

도봉산 … 119

흰머리 … 120

곶감 … 122

길 · 2 … 124

해우소(解憂所) … 126

가을에 온 손님 … 129

잉어 … 131

제비뽑기 … 132

〈수필〉

아직도 '짭새'가 살아있네 … 135

차례

작품해설 … 142

시적 진실과 사물의 안위를 위한 시학
김순진(문학평론가 · 고려대 평생교육원 교수)

1부

인생 이모작

긁지 않은 복권

연초에 로또 복권을 사서
주머니에 몇 주째 넣고 다닌다
온라인복권 결합인쇄복권 전자복권
인생 역전을 설계하며 오늘도 설레인다
45개 숫자 중 6개 그리기도 하고
꿈도 꾸다가 행운 번호로 압축했지

05, 15, 28, 36, 42, 43
10, 13, 28, 37, 38, 39
01, 03, 04, 28, 39, 43
01, 05, 19, 25, 29, 39
03, 07, 12, 20, 24, 33

이번 주는 4등과 5등 당첨되었네

눈이 오나 바람이 부나
자식을 생각하다가 인생이 저물어간다
건강하라고 행복하라고 그저 잘되라고
빌고 또 기도한다
자식들은 우리의 미래요
긁지 않은 희망의 복권이다

이산가족(離散家族)을 찾다

50년 전 어두컴컴한 밤
양손 가득 선물 들고 외삼촌이 집에 오셨다
외삼촌은 제비새끼 같은 조카의 입에
달콤한 사탕 하나 물려주셨다
그때부터 어금니에는 전쟁이 시작되었다
그들의 전투를 중재하느라 밤낮없이 겪은 통증의 나날들
벌레들은 승리의 축배 들고 패잔병 어금니는 치열을 떠났다

오늘은 치아 재건의 날
잃어버렸던 어금니를 찾기 위해 '어금니치과'에 들어서자
깎고 박는 드릴 소리 무방비의 내 몸을 움츠러들게 한다
마취 주사액이 잇몸에 스며들고
드르륵드르륵 임플란트를 심는다
한번 깨물어보라는 의사의 주문이지만
아직은 불청객 같은 느낌이다
내 사랑 어금니!
50년 만에 찾은 이산가족
이제는 헤어지지 말자고 맹세했다

오소리 순대집에서

물체 진동에 의하여 음파가 귀청을 울려 들리는 소리
음성 기호로 생각 느낌을 표현하는 소리
조선시대 관아에 속한 구실아치
사람의 목소리
작은 이익

목소리 발소리 뱃소리 입소리 콧소리 혓소리 문소리 빗소리 종소리 찻소리 총소리 큰소리 오소리 개소리 닭소리 말소리 새소리 소소리 낙엽소리 바람소리 심장소리 책상소리 기차소리 노랫소리 방귀소리 악기소리 음악소리 통곡소리

아이구! 숨찬소리 힘든소리 작은소리

지하철 6호선 고려대역 3번 출구
50년을 한결같이 2대가 운영하는 오소리순대 본점
출입문 들어서자 '오소리(吾小利)'란 문구 보인다
업주는 작은 이익을 보면서 많이 팔겠다 하지만
손님은 오소리 동물로 순대를 만든 줄 알고 들어섰다

메뉴는 한 가지
순대탕 김치 깍두기 상추무침 부추무침
정성 가득 담은 어머니 손맛이다

* 고훈시식오소리(古訓是式吾小利) : 옛 방식을 그대로 고수하며 박리다매를 잘 지키고 있다. 吾小利, 한마디가 큰 신뢰로 다가온다

미소된장국

직장 생활 35년을 마치고
가정으로 돌아온 나는 초보주부다

4인분 기준 준비물
미소된장 3숟가락 물 1200ml 멸치다시팩 1봉지
두부 230g 팽이버섯 70g 쪽파 약간
소리 없이 빙긋이 웃는 미소 3소끔

준비물 완벽히 갖추고
생애 첫 미소된장국 요리에 도전한다
냄비에다 물을 붓고 멸치다시팩 넣는다
두부는 주사위 모양으로 썰어야 하는데
삐뚤어진 하얀 조약돌이 되었다
팽이버섯의 밑동을 자르고 준비한 재료를 차례로 넣는다
마지막 남은 준비물
냄비를 향해 소리 없이 3번 빙긋이 웃어준다
미소가 들어가야 제맛이지 하며 냄비가 맞장구친다

내 이름은 삼식이!
은퇴남편증후군에서 벗어나게 하려고
아내에게 미소 지으며 가사노동 분담 중이다

뻐저리다

도봉산 아래 첫동네 안골마을
구불구불 몇 구비 돌아들면
고향집 같은 향촌이 있다

큼지막한 수족관 속
미꾸라지 메기 빠가사리…
갖가지 민물고기들
낯선 동네로 이사해서
한창 새살림 중이다

내가 제일 좋아하는 메뉴는 잡어매운탕
서너 가지 물고기를 섞어 넣고는
미나리, 수제비 듬뿍 넣고
얼큰하게 끓여놓으면
오래전 어머니 손맛 다름 아니다

산행 후 또 다른 매력 뼈저리게 느끼는
바로 이 감격의 순간이라니!
누가 뭐래도
우리는 먹으러 산에 간다야

곰피를 마시다

오늘 점심 밥상에 울릉도 앞 바다 한 접시 올라왔다
울퉁불퉁 투박한 생김새
심해 바위에 부딪히며 생긴 숨구멍에서 갯바람이 나올 것 같다

곰피 꿩피 개피 닭피 말피 몸피 새피 소피 양피 쥐피 기린피 노루피 돼지피 사슴피 여우피 고양이피 원숭이피 코끼리피 호랑이피

동물 혈관에 흐르는 피
사람 겉모습 몸피
깊은 바다 밑 바위 위에 자라는 곰피
서로 닮지 않은 피

밀물과 썰물에 온몸으로 부대낀 해초
오돌오돌 쌉싸름한 쇠미역
몸속 피를 맑게 해 주는 곰피를 마시다

내 삶의 피로를 풀어주는 곰피에게
다시마가 마법의 주문을 외친다
다시마가 곰보되면 곰피되랴!

발바닥공원

이 공원에서는 발바닥이 주인공이다
제대로 효과를 보고 싶다면
신발을 벗고 어싱길 걸어보자
한 걸음 두 걸음
자갈이 발바닥의 통점 찌르면서
나의 인내를 시험하고
자세를 무너뜨리려 한다
세 걸음 네 걸음
이를 악물고 참아야지
용천혈을 중심으로
발바닥 지압점 자극을 몇 번 견디자
서서히 앞이 트이면서
나무가 보이고 숲이 보이고
방학천 물소리가 들린다
발바닥공원 사용설명서
읽어주는 사람 아무도 없지만
이고 지고 건너온 몸
내가 먼저 반응하는 거다

※ 어싱길(EarthingPath): 어싱(Earthing)이라는 단어는 지구라는 단어로부터 파생되었으며 흙 또는 땅을 일컬으며 지구 표면에 존재하는 에너지에 우리 몸을 연결하는 것을 의미한다. 인간 본연의 상태로 돌아가 맨발로 땅을 걷고 자연을 느끼면 발바닥의 신경을 활성화하는 것뿐만 아니라 긴장을 완화시켜주며 정서적인 안정감을 얻을 수 있습니다.

나는 봉이다

나는 어수룩하여 이용당하기 딱 좋은 사람 봉이다
나는 상서로움을 상징하는 상상의 수컷 봉황새 봉이다
나는 길쭉하고 둥근 대나무로 만든 봉이다
나는 종이로 싼 물건 덩어리 봉이다
나는 신랑집에서 신부집에 보내는 돈 봉투 봉이다
나는 낚싯줄 끝에 매다는 쇳덩이 돌덩이 봉이다
나는 산에서 뾰족하게 높이 솟은 봉우리 봉이다
나는 사람 성씨의 하나인 봉 씨족 봉이다
나는 문풍지 뚫어질 때 나는 가벼운 소리나 모양 봉이다
나는 그릇이나 물건 뚫어진 구멍을 메우는 다른 조각 봉이다
나는 암벽 등반에서 사용하는 장비 봉이다

나는 셀카를 쉽게 찍을 수 있는 셀카봉이다
나는 맛있는 치킨 부위 치킨봉이다
나는 운동할 때 사용하는 운동봉이다
나는 마술 부리는 막대기 마술봉이다
나는 세탁물 엉킴 방지하는 세탁봉이다

나는 무술할 때 제압하는 무술봉이다

나는 압축시켜 물건을 거는 압축봉이다

나는 사물과 사물을 이어주는 연결봉이다

나는 대지에 전기적으로 접속되는 단자 역할을 하는 접지봉이다

나는 대동강 물을 팔아먹은 봉이 김선달이다

공개 고백

어둑한 길 한 모퉁이
전봇대 하나 이정표처럼 서 있다
세찬 비바람 맞으면서도
오직 제 할 일만 하고 있는 그에게
가족과 산책 중인 애완견이
뒷다리 하나 들고 영역표시를 한다
전봇대 곁을 지나가던 청년은
희미한 불빛 아래 한참 멈춰서
광고를 유심히 읽어 내려간다

무수옥설렁탕 마쉬코리아 천일페인트 웰스정수기 느티나무집약오리 양지부동산 환경자원 무수울카페 향촌잡어매운탕 도봉상사송월타월 해돋이부동산 스토리문학 현대문학사조 채운재 한국문학신문 쉐보레도봉중앙전시장 정관장종로4가점 우와돈 도토리마을 웅천마음선원카페 성광인쇄광고 동우개발 혜진종합관리 삼성조경 조은취업 한길취업 자매취업 경비원모집 KGPGA프로골프협회 아쿠아사우나 헤어헬스다이어트 한국행복웃스힐링협회 마루가발 금오상운승무원모집

대군코다리 카페플라워 묵은지사랑 도봉산커피 자현암 카페도영베이커리 저층주거지재생사업단 에이플러스에셋 전봇대광고초특가 게릴라현수막 거창통신 폐업긴급대방출 2+1폭탄세일 끌라르떼사진관 대군코다리 황금코다리 호남카센터 하이클래스쌍문점 대문한정식 박서방부대찌개 부부약국 홍천강식당 우리콩손두부 천하통일건강원 메이다이닝 북서울신협 제일은행 일진생닭 명동분식 금강반찬전문점 성화전집 홍두깨손칼국수 생선백화점 형제왕식자재마트 행복찾기 커텐침구 도봉새마을금고 은행나무집…

저마다 저요! 저요!
손 치켜세우는 글씨 가운데
유독 눈에 띄는 고백 한 토막
금옥아! 사랑해

청소하던 아저씨는
조용히 무료홍보판을 제거하기 시작한다

사과의 맛

사과의 맛은
달콤한 참외
새콤한 딸기
즙 많은 수박
아삭한 배
사과(四果)의 맛
한 입 베어 물면
아삭아삭 상큼함이 꽉 찬다

사과는 빠를수록 좋은 맛
주거니 받거니 화해의 맛이다
A후보 B후보 C후보 D후보
전국사과경진대회 한 번 열자
다투지 말자고
후벼 파지 말자고
사과가 사과하는 모습 보고 싶다

내가 먼저 미안하다는 사과의 맛
그 감동 제대로 한 번 느껴보자
공약이행 못해 미안하다고
거짓말해서 송구하다고
제발 사과해라
온 국민들의 소망이다

모퉁이

고만고만한 살림들이 모여
사람 냄새 제대로 나는 곳
주민센터 지나서 서낭당 옛길로 들어선다

저만큼 유유히 흐르는 도봉천
누가 엿가락처럼 휘어지게 그려놓았을까

어스름 찾아들 무렵이면
삶의 모퉁이 군상들 하나둘 삐쭉거리기 시작한다

길 잃은 사람 술 취한 사람 노숙인…
치안 서비스 서로 먼저 받겠다 난리 피운다

그중에 단골손님
잘못한 거 없으니 얼른 집에 보내주라며
빙긋이 웃으며 다가온다

미소 저편에는
또 다른 거짓말을 생산하며 위험한 파도타기를 한다

도봉산 자락 한 모퉁이
한창 마무리 공사중인 police box

졸졸 흐르는 물소리
동네 주민과 함께 입주할 날 손꼽아 기다린다

* 도봉경찰서 도봉1파출소 신축공사

동행

도봉산 굽이굽이
산행하는 사람이 있다

자운봉을 향하여 마당바위 지나 깔닥고개 밑
둘이 밀고 당겨주며 힘차게 오른다

우리네 인생길에도 동반자가 있다는 것은
얼마나 든든하고 행복한 일인가

방향뿐만 아니라
마음도 함께라는 것

정상은 늘 우리를 꿈꾸게 하고
너와 나를 부른다

특진

새벽 05시 고요함을 깨뜨리며 파출소 전화벨이 요란하다
도봉산 둘레길 쉼터 자동판매기의 현금을 털어갔다는 신고 전화다
J경찰관 등 4명은 현장으로 달려가서 폴리스라인을 설치했다
과학수사팀에서는 지문과 족적을 찾으며
형사2팀은 등산객을 대상으로 탐문수사가 시작된다
도봉산 정문 주변 CCTV를 확인 중 다파라편의점
500원권 동전을 수북이 꺼내 놓으며
담배 1보루를 사는 것을 발견하고 그를 전국에 수배한다
산모기와 전투를 벌이며 잠복근무 15일째가 되는 새벽 03시쯤
어디선가 발자국소리가 들렸다
형사들은 의지를 불태우며 숨을 죽이며 때를 기다렸다
그는 자연스럽게 등산 가방에서 빠루를 꺼내
음료수지판기 현금통을 해제하기 시삭한다
J경찰관과 L형사는 재빨리 제압하고 등산가방을 확인하니
현금 5,500만 원과 1억5천만 원 상당의 귀금속이 발견되

었다
범인은 51세의 노총각으로 어릴 때부터 산을 좋아했고
전국의 산을 돌아다니며 33차례의 물건을 훔쳤다고 자백했다
다음 날 아침 6시 KTV 뉴스에서는 특수절도범 검거 유공으로
J경찰관과 L형사를 1계급씩 특진한다는 자막이 흘러나오고 있다
J경찰관은 이 상황을 부인에게 알리려고 휴대폰을 찾는 순간
휴대폰에서 알람소리가 시끄럽게 울려 퍼진다

J경찰관은 퇴직한 지 15년이 지났지만
지금도 밤손님을 만나는 꿈을 꾸곤 한다

아침 헌장

고요한 아침을 묵상으로 연다
우리는 행복을 누리기 위해 이 땅에 태어났다

어제에 감사하고 내일을 꿈꾸며
오늘을 즐기며 살자
기대와 설렘
하루가 은혜요 축복이다

만남에서 기쁨이 있고
기다림에서 행복이 온다

눈 들어 세상을 보라
인생은 우리가 함께하는 긴 여행이며
아침은 소리 없이 새 역사를 창조한다

지우개

세모 네모 동그라미
요즘 지우개도 패션이다

박하 향 초콜릿 향
곱디고운 빛깔에
별 달 무늬의 옷도 입었다

새색시처럼 예쁘게 단장해도
목표는 오직 하나
제 몸 부서뜨려
깨끗한 백지 만드는 일

지우개야
내 슬픈 기억 나쁜 생각도
지워줄 수 있겠니

동경 126° 북위 33°

우리나라 남쪽 끝
동경 126° 북위 33°
고래 등처럼 생긴
외로운 섬, 마라도라네
한반도로 오는 태풍
버선발로 제일 먼저 맞이하지
드넓은 바다 비릿한 내음
살아 숨 쉬는 곳

해안 길 걷다가 만나는
뜻밖의 문명이 짜장면집이라니!
기암괴석 해안가에 우두커니 앉아
물멍때리기 산멍때리기
세월이라도 낚을 것 같다

인생 이모작

인생2기 새로운 설계 위해 이력서를 쓴다
그동안 내 발자취 발판으로 새로운 도전이다

이름 주소 학력은 기본이고
경력 자격증 수상 내용까지 써 내려간다

굽이굽이 살아온 내력은 한 페이지로 모자라
뒷면에 자기소개서를 따로 붙여넣기로 한다

그 많은 세파를 겪으며 살아왔음에도
새로운 출발은 늘 설레고 또 떨리는 거다

입사 후의 각오와 포부를 쓰라고 하는데
돌고래 한 마리가 풀쩍 뛰어오르는 그림을 그렸다

그러고는 새출발하는 내 마음을 이렇게 썼다

강물 따라 굽이쳐 흘러왔으니
이번에는 바다에서 한번 뛰어 볼란다

경비지도사(警備指導士)

웡… 웡…
차량경보기가 하루의 시작을 알린다

오늘은
보람아파트 순회 지도하는 날

경비실에 들어서자
순찰일지 순회점검부 비상연락망…
점검대상들이 책상에 즐비하게 놓여 있다

맞은편 화단에서 풀 뽑던 경비아저씨
땀 훔치며 부리나케 뛰어온다

갑과 을이 된 듯 관계가 어색하고
왠지 미안한 마음도 들지만
공과 사는 엄격히 구분해야 하는 것

취약점 엄밀히 지적하고 지도하면서
격려하는 일도 잊지 말아야 한다

관리사무소 지키던 누렁개 한 마리
지루하다며 하품 토해낼 때쯤
오늘 점검은 끝났다

퇴근길 라디오 주파수 맞추자
화재 현장에 뛰어들어 인명을 구했다는
어떤 경비지도사의 선행사례가 따뜻하게 흘러나온다

※ 警備指導士 : 경비원을 지도, 감독, 교육하는 사람

괘종시계

오래된 괘종시계
똑딱똑딱 시계추처럼
불알도 함께 흔들며 놀던 친구야

너는 나랑 노는 물이 같았다
내가 딱지 들고나왔을 때
너도 딱지를 들고나왔고
내가 구슬 들고나왔을 때
너도 구슬을 들고나왔지
내가 숙제 안 해 청소하는 날
집에 가지 않고 기다려주었고
찔레와 옥수숫대 꺾어 먹고
칠흑 같은 밤 수박 서리도
너와 함께 하면 두려울 게 없었지

세파에 휩쓸려 자주 만나지 못했으나
늘 서로 그리워했고
가끔 동창회란 이름으로 만났을 때

우린 어른을 버리고

다시 불알친구로 돌아가곤 했지

안락의자 사이

해철이와 도봉산공원 거닐다가
의자에서 잠시 쉬고 있는데
벚나무 가지에 앉은 참새 한 마리
가까이 다가와 말을 걸어온다

비우면 채워주고 힘들 때 받아주는
사람과 의자,
둘의 관계는 어떤 사이냐 묻는 것이었다

그래서 나도 되물었다
방세도 내지 않는데 둥지 받아주고
넓은 잎으로 가려 품어 안아주는
나무와 새는 어떤 사이지?

답이야 뻔할 뻔자
서로 그리운 사이는
누구라도 먼저 등을 내밀어
안락의자가 되어주는 사이지

* 해철이 : 본명 김해철(도봉1동장, 도봉구청자연순환과장 역임)

2부

네 가지 마음 밭

울타리도 함께 짖었다

고즈넉한 아랫마을
탱자나무들이 어깨동무하며
집집마다 울타리치고 서 있다

경계(境界) 안에는
개 닭 돼지 소 흑염소…
각기 사는 모습 한가롭다

캄캄한 밤 인기척 들리니
개가 멍멍! 선창(先唱)을 하자
닭도 돼지도 울고
울타리도 소리 내어 짖는다

늦가을 무렵
노랗게 익어가는 탱자 향기에 취해
깊숙한 곳에 손을 들이밀어 따려 하자
뾰족한 가시가
선(線)을 넘지 말라며 바늘을 세우네

더 재밌는 일

이른 새벽 S, J, W, K프로 네 명과
구리 포천 간 고속도로 달린다

자식 친구 골프 시창작…
누가 먼저랄 것 없이 이야기꽃 피운다

파릇파릇한 잔디와 드넓은 호수
국내 10대 코스라 명명된 아름다운 몽베르CC

콩알처럼 점점 작게 보이는 공을
망무봉 향하여 힘껏 날린다

뽀… 올 뽀… 올, 세 명이 합창하자
OB라며 메아리 친다

골프는 내가 잘 쳐도 재밌고
남이 못 치면 더 재밌다

겨울을 굽다

세밑 한파 속 대설주의보
서울역 앞 지하차도
조금이라도 따뜻한 곳 차지하려 아우성이다

해 질 무렵
함박눈 펑펑 쏟아지자
온 세상 새하얀 동화의 나라가 된다

퇴근길
얼어붙은 곳마다
미끄러지고 넘어지고
각본 없는 서커스 한창이다

제설작업 아저씨!
이면도로까지 염화칼슘 뿌리며
토치램프 불꽃으로 겨울을 굽고 있다

강심수(江心水)
한강의 가운데로 흐르는 물
이 정도 추위에 무릎 꿇지 않겠지
봄을 재촉하고 있을 거야

신선초

이름이 너무 고상하다고?
그럼 편하게 불러
'겨우살이'

손 타지 않는 곳
하늘 맞닿은 나무 꼭대기에
푸른 둥지를 틀었지

입동 무렵 사슴뿔 몸피 들어내자
산중의 명약이라며 보이는 대로 거둬들이니
새들도 식량이 떨어져 깃 세운다

한겨울
겨우겨우 살아내면서도
황금빛으로 품위를 잃지 않는
저 귀한 자태

곁에 두고 찻물을 내리면
신선이 따로 없겠네

시 창고(倉庫)

모니터 화면이 얼음판 같다

물방울 하나에서
우주를 읽어 보려고
글을 쓰다 지우다 반복이지

한 장의 스냅사진 찍듯
언어로 만드는 이미지

시 쓰기라는 마법의 시간을 간다

일상에서 익숙했던 사물들
낯설게 바라보기

창작의 기쁨 누리려
은유를 곱씹어보지만

오늘도 내 허기는 채우지 못했다

시 창고가 텅 비어있다

두 마음 하나 되어

신혼의 단꿈으로 출항하는 배 한 척이 있습니다
그리 호사롭거나 남다르지도 않은 작은 배입니다
부두에는 많은 축하객들이 배웅하고 있지만
바다 위에 뜬 배의 승객은 두 사람
신랑 신부뿐입니다

오늘 혼인서약에서
신랑 신부는 어떠한 경우라도 서로 사랑하고 존중하며
진실한 남편과 아내로서
도리를 다할 것을 맹세하였습니다

부부로서의 언약은 지금 이 순간부터 유효합니다
저 넓은 바다 멀고 먼 항해 누가 키를 잡고
어떻게 노를 저을 것인가
두 사람이 하나 되고
한마음이 되어야
어떤 비바람과 파도가 밀려와도
뚫고 나아갈 수 있습니다

여행의 참맛은 어디를 가느냐보다는
누구와 가느냐가 더 중요합니다
신랑 신부 두 사람
한 쌍의 원앙으로 만났습니다
참다운 인생은 이제부터 시작입니다
언제라도 편안하게 쉴 곳
하우스보다는 홈을 만드세요
사랑은 숫자로 계산되지 않습니다

* 2022. 8. 20. 결혼식 축시로 낭송하다.

네 가지 마음 밭

동서남북 갑을병정 가나다라
사자성어도 아닌 것들이 판치고 다닌다

1 2 3 4가 없으면
무게와 숫자는 무엇으로 쓰나

우리네 삶 속에 없는 것 세 가지
정답 공짜 비밀
하나 더하면 의리가 없지

회사 대표하는 사장만 가지는 세 마음
변심 의심 욕심
여기에 하나를 더하면 무심이라네

동물다리 차바퀴 사각형 의자다리
네 개라야 안정감 있고 제 몫을 다 한다

희로애락
네 가지 마음 밭 잘 가꾸려면
늘 깨어있으라

무수옥(無愁屋)

도봉역 부근
근심이 없는 집
우리나라 최고의 설렁탕 맛집 무수옥을 찾았다

서울 도봉구 도봉로 165길 15
수요미식회 TV 방영 시 찜해 두었던
80년 전통 미가(味家)에 도착했다

할머니방 며느리방 별채 홀
네 개의 방에는
3대가 이어진 옛 모습 그대로 손님을 맞이한다

먹기 전부터 입에 침이 도는
맛깔나는 메뉴
설렁탕 육회비빔밥 육회 수육 생등심
오직 한우 암소만을 고집한다

화요일 소가 들어오고
수, 목요일은 특별메뉴 내장탕
아는 사람만 아는 최고봉의 맛이다

쉿! 무수옥 대표의 영업 비밀
단 한 분 손님도 정성을 다해 모신다는
고객과의 약속이 깍두기 속에 숨겨져 있다

장수지팡이

감태나무
사계절 잎 지지 않으니
생명을 연장시켜준다 해서 붙은
별칭이 연수목(延壽木)

비 오는 밤
벼락 한 방 맞고 떨어져 나온 나는
어느 가난한 노인의 친구이자
보물 1호 장수지팡이가 되었다

검게 그을린 내 몸뚱이
번쩍이는 세상에 보잘것없지만
한 걸음 두 걸음
눈이 오나 비가 오나
굽이굽이 사연 많은 노구를 위해
아침부터 저녁까지 봉사한다

다리 아프면 같이 걷고
눈이 보이지 않을 때 손이 되어주며
주민이 어려운 처지에 놓였을 때
내 일처럼 도와주는 경찰관 아저씨들,
불철주야 수고하는 시민의 지팡이 앞에서는
살짝 부끄러울 때도 있지만

한 발짝 두 발짝
효도 지팡이라 되뇌며 내딛는 발걸음
건강과 장수 향하여 세월을 견디고 있다

* 2022년 제23회 경찰문화대전 시부문 입상작

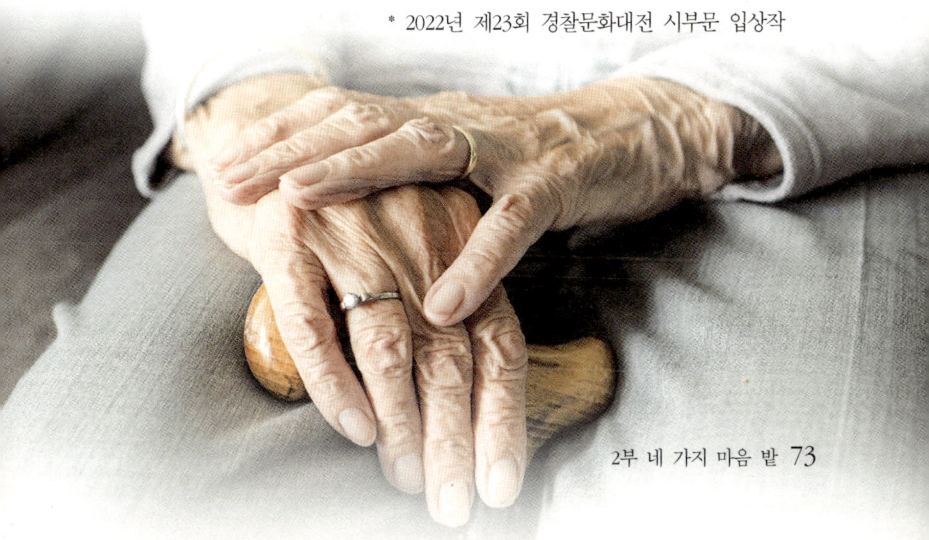

깜빡이

상쾌한 아침
서울외곽순환고속도로 달린다

네비게이션의 고운 목소리
퇴계원IC 빠져나가라며 안내방송을 한다
내가 핸들을 꺾자

실례합니다 고맙습니다 감사합니다
깜빡깜빡!
깜빡이가 불빛으로 소리 없이 말을 한다

한 번도
주인공이 되어본 적 없는
고 작은 불빛이
지금은 앞서서 나를 끌고 간다

작다고 우습게 보지 말라는 듯…

카페 '아를'에서

주말이면
고흐가 사랑했던 도시 Arles에 간다

프랑스 문화 예술 음악에다가
음식까지 공존하는 쉼터

유럽식 古風스러운 건물 들어서자
감자를 먹는 사람, 해바라기, 자화상
고흐의 숨결이 느껴진다

피자 파스타 리조또…
여기에 치즈 듬뿍 발라 한입 넣으면
몸 깊이 스며드는 소소한 행복

나를 찾아 떠나는 안식처
재충전의 선물이
또 한 주일을 손꼽아 기다리게 한다

밑줄 떠억!

중학교 기술과목 수업 중
문자열 아래
수평선 그려 넣었고는 밑줄 떠억!

우리가 홍명호 선생님을 부르는
별호(別號)

꼭 기억하라
빨강 파랑 녹색 분칠하며
큰소리로 주문을 넣기도 했다

정답 찾으려

언더라인 그으며 따라온 세월
50년 굽이친다

오늘 밤에도
도봉산시발전소 풀가동하며
시작 노트에 밑줄 짝!
가슴 뒤흔드는 원석(原石)을 캐내고야 말리라

* 홍명호 선생님께 이 시를 바칩니다.

은행나무 평전(評傳)

그분은 수령 600년
방학동 우리 마을 수호자
세월의 면류관 쓰고 홀로 서 있다

하늘 맞닿을 듯
높은 가지에 품은 새둥지
겨울맞이로 분주하네

세월 이길 장사 없다더니
푹 파인 허리춤 시멘트로 두른 채
골다공증을 견디고 있다

지나간 한 해 그냥 보낼 수 없어
몇 개 쥐고 있던 은행잎
원당샘공원 길손에게 뿌려준다

오늘도
방학동 은행나무 할아버지는
가고 오지 않는 학(鶴)을 기다리고 있다

풍문으로 들었소

에르메스 벨투디 고야드 루이비통…
풍문으로 떠도는 명품들
나는 한 번도 가슴에 품어본 적 없다

메이커도 없는 지갑 속에
주민등록증, 카드, 받은 명함 몇 장…
겹겹이 채워 넣고 장보러 도깨비시장 간다

고물가 행진으로 가벼워진 장바구니
아끼고 허리띠 졸라매어 봐도
살림살이는 제자리 걸음마

행운의 2달러
도깨비 같은 지갑 속
한쪽 구석에 처박힌 대박의 꿈
오늘 큰맘 먹고 구입한
로또 한 장에 희망을 걸어본다

참, 요즘 맛들인 파란 스탬프 도장
10칸을 채우면 아메리카노 1잔이 무료
도봉동 무수울카페 명함
풍문이 아니다

지역경제 튼튼히 지키고 있다

두 권의 동화책

내 얼굴 속에 두 권의 동화책이
잔주름 속에 숨어 있다

눈가의 상처는
고모 등에 업혀서 영화 보러 가던 중
누가 던진 돌에 맞았을 때 쓰인 책

이마에 패인 골짜기는
여동생과 게임을 하다가
흙 인형에 맞았을 때 집필된 책이다

웃음보따리 풀어놓을 때마다
상처 진 자리
조금씩 덮어가며 생긴
잔주름

60년 세상살이에
내가 쓴 최고의 베스트셀러다

원당마을한옥도서관

3부
내 사랑 무수골

모기 행전(行纏)

초여름 어스름 찾아들 무렵
공원 어귀 풀밭 거닐다가
빨대 들이대는 적군들을 만났다

아무리 미물이라지만
저도 먹고 살아야 하겠다며
목숨 내놓고 공격이다

어젯밤 배달된 모기행전
팔다리에 무장하고 있으니
물리거나 가려운 데 한 곳 없구나

세상에 이런 선물도 있다니!
인간미 넘치고 따뜻한 마음이 담긴
그분을 추억하기에 안성맞춤이다

※ 행전(行纏) : 바짓가랑이를 좁혀 보행과 행동을 간편하게 하기 위하여 정강이에 감아 무릎 아래에 매는 물건으로 여름철 반팔, 반바지에 착용하여 모기를 퇴치한다. 천일페인트 신재서 회장님이 선물로 준 모기행전.

행주야 놀자

하얀 속살 드러내던
목화밭에서 이사 왔지

하루 서너 번
칼 도마 그릇과 부대끼다 보니
해져서 성한 곳 없구나

며칠 지나니
어디선가 쿰쿰한 냄새
소다 넣고 삶아
새 생명 불어넣었지

경칩 지나
어느 날 이른 아침
쓰레기봉투 속으로 떠나고 말았는데

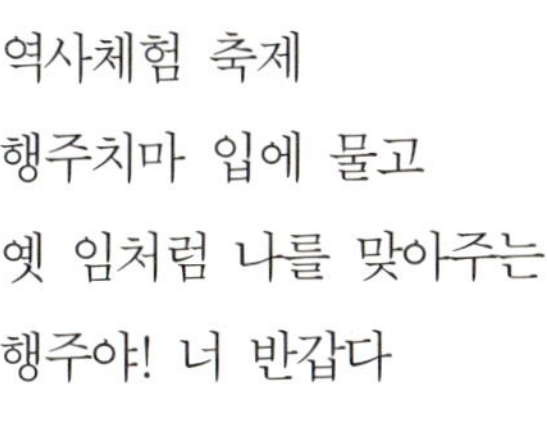

역사체험 축제
행주치마 입에 물고
옛 임처럼 나를 맞아주는
행주야! 너 반갑다

우리 함께 놀자

내리사랑 가죽 재킷

겨울 첫추위
털 달린 두꺼운 옷 꺼낸다

블랙, 베이지, 브라운
내 옷장 속에서 만난 아버지
부자지간 패션도 닮았네

함박눈 내릴 때면
완전무장 겨울 옷차림으로
롱코트 즐겨 입으셨지

모서리 닳고
호주머니 입구 번들거려도
한 푼이라도 아끼려
옷깃 여미시던 그 모습

눈길 걷다
가죽 향기 나는 검정 재킷 보면
혈기왕성했던 아버지 얼굴 그려진다

닦고 기름치고 세탁한
따뜻한 가죽 재킷
하늘나라에 한 벌 보내드리고 싶다

내 사랑 무수골

무수천 따라
길게 늘어선 한적한 마을

고구마 감자 배추 이랑 넘실거리며
느티나무 우뚝 서 있는 곳
고향이 따로 없네

인심 좋고 물 맑아
나그네도 걸음 잠시 멈추고
한 모금 마시며 쉬어가지

자현암 기슭에 눈 내린다
저 멀리 나무와 숲 바라보다가
겨울 풍경 속으로 풍덩 빠진다

도봉산 병풍 활짝 펼쳐진 고을
세상 근심 사라지는
내 사랑 무수골에 살고 싶어라

※ 무수울(無愁蔚) : 1477년(성종 8년) 세종의 17번째 아들인 영해군의 묘가 조성되면서 유래되었고 물과 풍광이 좋아서 근심 없는 마을로 무수울이라 불렀으며 300년 이상 된 마을의 역사와 문화를 아직도 지키고 있는 자연 마을로서 도봉구의 큰 자랑이다.

파출소장

또 다른 시작, 壬寅年生

35년 전 풋풋한 새내기
청운의 꿈 품은 채 경찰 입직했지

세한 추위 속 부평학교 운동장
독수리 모자, 푸른 제복 입고
절도와 패기로 제식훈련 앞장섰지

범 내려오는 새해
어쩌다 보니 정년(停年)이다

노트 달력 일기장
새 옷 입혀놓고
희망찬 임인년 맞는다

지금이 내 생애 가장 젊은 날
문예 창작의 기쁨 누리며
감성적 인생길 가고 있으니
반전(反轉)이다

어떤 이별

두 해 전
꽃 필 무렵 들여온 내 손 안의 컴퓨터
몸은 작아도 입력만 하면 척척박사
기능 만점의 착한 비서였지

웃고 울며 함께한 시간
게 눈 감추듯 지나가 버렸다

어느새 너는
손때 묻은 정 떼어야 하는
구형(舊型) 손전화기

왠지 애잔하다
딸 시집보내는 마음
이런 것일까

이율배반

고즈넉한 원당마을
한옥으로 지은 도서관

“오늘은 휴관일입니다”

도서 문서 기록물 전구 컴퓨터 책상 의자…
모두 잠들었다

그들도 오늘 하루 푹 쉬고
내일을 준비하고 있겠지

나는 휴일수당까지
꼬박꼬박 챙기면서…

접근을 불허하는 휴관일 푯말
왜 이리 섭섭한 거지?

호두과자

구정 명절
선물 보따리 짊어지고
고향 내려가는 길

이름뿐인 고속도로
가다 서다 반복하다가
섬 같은 행담도휴게소 들렀지

세상에
이렇게 고소하고 달콤한
과자가 있다니!
천안 명물 몇 상자 주워 담았다

울 엄니!
밀가루 음식 좋아하지 않지만
아들이 사온 거라며 환하게 웃으시며 맛있게 드셨네

뉘엿거리는 도봉로 거리 쇼핑하다가
호두과자점 앞을 지나며
동그라미 그리려다 엄마 얼굴 그렸다

그립다, 깡통 차기

50년 전 하굣길 구부러진 신작로 따라 당산나무 기름창고 지나 종환 동진 양준 연균 상욱 어릴 적 친구들과 새 떼처럼 종알거리며 집으로 향한다 키 큰 종환이 시장통 어귀 걷다가 널브러진 깡통 힘껏 차니 멀리 날아간다. 다음은 동진이가 나섰다 지구 끝까지 날린다며 큰소리치는데 돌멩이에 부딪혀 바로 앞에 떨어지고 만다 다음은 양준이가 젖 먹던 힘까지 쓰며 날리는데 중간쯤 굴렀다 연균이와 상욱이는 책가방 당번이라며 한 발 뒤로 물러선다 우리는 반복해서 차례대로 사이좋게 차며 시간 가는 줄 모르고 동네에 도착했다 무슨 보물이라도 되는 듯 깡통을 꼭꼭 숨겨 놓고 헤어졌다

다음 날 아침 누구랄 것 없이 모두 모였다 종환이가 첫 타자, 아주 멀리 날아서 반짝이는 동전을 맞혔다 너 나 할 것 없이 붕어빵! 외치며 박수와 함성 내지른다 자연과 어울리던 그 시절 깡통차기놀이 친구들은 아직도 그 시절을 기억할까? 그리운 깡통 차기

70년대 흔히 불리던 일본어 '간스메'는 어디 가고 과일 음료 맥주 생선 종류도 다양한 통조림들이 세상에 등장해서 사시사철 제 몸 부서지는 날까지 부패와 싸우고 있는 거지

빈 깡통 함부로 차지 마라! 어디로 튈지 모른다

마음치료사

침대에 누워 눈 감으니
몸속으로 스며드는 주사액
혈관과 세포로 퍼져나가는 미세한 느낌까지
선명하게 살아난다

부분마취로 무뎌진 목
길게 늘어진 와이어가 주입되고
의사 선생님 구석구석 살피기 시작한다

럭셔리호텔 같은 대기실에서
아메리카노까지 즐기고 있는데
간호사님이 흐릿하게 내 이름 부르네

건강검진
내 몸 깊은 곳까지 탐사 후
판독한 결과는, 이상 무!

은근히 불안했던 심사(心思)에서
탈출하는 순간이다

내 몸의 장기는 물론
마음자리까지 말끔히 세탁해주는
내시경은 참 고마운 치료사

홍삼 사랑이어라

종로5가 약국거리
눈에 띄는 간판 하나
'홍삼 사랑'
붉은 빛 치장(治粧)하고 서 있다

12년 전
원기회복과 면역력 높이려 찾았던 곳
잘 다려진 6년근 차 한 잔 마시니
온몸에 피로 싹 가시네

매일 아침
홍삼으로 시작한다
한 봉지 입안에 털어 넣으면
하루가 활력이요
상쾌하다

홍삼과 나
어쩌다 죽마고(우竹馬故友)되었나
뗄 수 없는 사랑이어라

너와 친하게 지내다가
먼 훗날 998833 소풍 가련다

※ 998833 : 99살까지 88하게 살다가 3일 누워있다 3시간 만에 하늘로 소풍가기

가래떡데이

애들아
너희들은 막대기 과자냐?

우리는 가래떡이다

단풍 질 무렵
멥쌀가루 찌고 허리 휘도록 쳐서
둥글고 기다랗게 늘렸지

정겨움
가득 담은 가래떡 한 소쿠리
너 나 없이 나눠 먹으니
어깨춤 절로 나오네

서리 내리면 기다려지는 날

애들아
너희들은 빼빼로 데이냐?

우리는 수천 년 이어온 사랑이다

입춘대길(立春大吉)

봄이 문을 여는 날
두 마리 토끼를 만났다

첫 번째 토끼는
구릿빛 근육질에
달리기를 무척 잘한다

두 번째 토끼는
6개 숫자
입에 물고 춤을 춘다

내가 누릴 복주머니
저놈 둘 다 잡는다면

꿩 먹고 알 먹고 도랑 치고 가재 잡고
임도 보고 뽕도 따고 마당 쓸고 엽전 줍고

大寒과 雨水 사이
대길을 꿈꾸는 날들이다

담임선생님

또각또각, 걸어오던 구두 멈추는 소리
시끌벅적한 교실이 갑자기 고요했지

출석부와 분필통 든 처녀 선생님
첫 수업에 기대 반 설렘 반

크고 선한 눈을 가진 아이들은
옥쟁반 구르는 목소리에 귀가 쫑긋

울퉁불퉁 신작로 돌멩이 같던 녀석들
모두가 하나같이 순한 양이 되었지

새 학년 시작한 게 엊그제 같았는데
한 해가 게 눈 감추듯 지나가 버렸네

평생 두고 꺼내보곤 하는 빛바랜 추억
참 어리고 오래된 선물꾸러미다

* 정정자 선생님께 이 시를 바칩니다

4부
도봉산 문인

길 · 1

꺾이고 꺾이는 아픔에도
아름다움 표하기 위해
미소 감추지 않았고

벌레 할퀴는 아픔 속에도
꿀벌 입맞춤 기다리며
웃음 잃지 않았다

떫고 쓴 까만 진주 액체를
탐스런 봉우리 맺기 위해
눈 한번 찡그리지 않고
허옇게 퇴색된 혀로 흡수하며

나의 길 가기 위해
모든 고난 헤쳐 나가고
주어진 길
뚜벅뚜벅 걸어가겠다

도토리 부침개

도봉산 둘레길 구석구석 살피니
온몸 구슬땀 쏟으며
뱃고동 소리 부침개 부른다

고소하고 검붉은 빛깔
손바닥 세 개 만큼 큰 부침개

정성과 손맛 버무려져서
바삭하고 쫄깃한 도토리 부침개

한 가닥 잡는 순간
무전기에서 급하게 찾으니
현장 속으로 신속 출동했네

아아…
한 입 먹으려다 놓쳐버린
그리운 도토리 부침개

도봉산 문인

도봉산 우뚝 솟은 선인봉에서
네 봉우리가 만났다

문학 지식과 철학을 토해내며
시상 겹겹이 쌓여 가고
제각기 명물이라는 이야기 속
둘레길 꽃 피우니 새들도 장단 맞춘다

신선한 바람 나뭇잎 소리
삶의 무게 내려놓고 푸름 뒤로한 채
선술집 풍류에 깊은 정 나눈다

밤손님

하루의 시작이다

치-익 삐-익 매일 반복되는 무전기 소리
35년 함께 살다 보니
귀에 익은 멜로디가 되었다

도봉산 쉼터에 올라
밤에만 지나가는 손님 안부를 살피니
그림자도 보이지 않네

도봉천 굽이굽이 내려오면서
어젯밤 달님이 놀다 간 물거울에
내 얼굴도 비쳐 보다가

언젠가는 꼬-옥 만날 거야
굳게 다짐하면서
오늘도 발걸음 힘차게 내 딛는다

도봉산

신령한 기운
자줏빛 구름으로 봉우리 감싸고 있다

손바닥 만 개를 쌓아놓은 듯
높디높은 만장봉에 올라서
발아래 세상 내려다보니
아웅다웅 거리며 살고 있는
우리네 집들이 모두 장난감 같다

도봉천 벗 삼아
굽이굽이 내려오는 길
물소리에 닦인 마음 한결 가볍다

흰머리

검은 머리카락 사이
내가 심지도 않았건만
불뚝 솟은 파뿌리
세월을 되돌릴 수도 없으니
뉘 심어 놓았는지 알아 무엇하리
오는 백발 막대로 치려했던
탄로가(嘆老歌)나 한 수 읊으련다

※ 탄로가(嘆老歌) : 고려 충숙왕 시대의 우탁(禹倬, 1262~1342)이 늙어 감을 한탄하며 남긴 시조 "늙는 길은 가시로 막고 오는 백발은 막대로 치려했더니 백발이 먼저 알고서 지름길로 오더라"

곶감

붉은 속살 드러내고
싸리 꼬챙이에 꿰어진다

늦가을 햇살
바람 길에 매달아 놓으니
어느새 온몸에 서리가 앉았다

범보다 무서운 곶감이라지

아이 입에
한 점 떼어 넣으면
울음 뚝 그치게 할 텐데

곶감처럼
새하얀 노인네뿐인 산골동네
적막하기만 하다

길 · 2

휘고 꺾이는 아픔에도
미소 감추지 않았고

끊어질 듯 이어지는
구절양장 쥐어짜는 아픔 속에서도
웃음 잃지 않았다

산 너머 산
봉우리를 넘으면
또다시 만나는 가시밭

모진 고난이
나를 시험에 던져 놓아도
주어진 길 가겠다

뚜벅뚜벅 걸어가겠다

해우소(解憂所)

노크는 기본
신문 담배 휴대폰 들고 들어서는 사람들
내 안에서는 모두 벗어야 한다

어서 오세요
마중물이 먼저 손짓한다

병은 음식에서 생겨나고
화는 말에서 태어나니 비워라

유쾌! 상쾌! 통쾌!
간밤의 근심일랑 말끔히 쓸어내자

떠난 뒷자리도 깔끔하게
우리가 흘리지 말아야 할 것은
눈물만이 아니다

경찰 POLICE

가을에 온 손님

시월의 공원을 걷는데
어디서인지 모르게
코끝에 스치는 초콜릿 향

이게 무슨 냄새일까
나도 모르게 따라가 보니
하트형 샛노란 잎
온몸 매달고 서 있는
계수나무 한 그루 우뚝하다

가을 손님 어서 오시게
잎 모양과 색깔 너무 고와서
낙엽 몇 장 주워갈라네

오늘 밤에는 시라도 한 수 지어
달나라 토끼에게 띄워야겠다

잉어

방학천 상류 모래알1교 지나 벽화거리
투명한 개울물 속에서 은빛 찬란한 그녀를 보았네
점박이들 사이 유독 눈에 띄는 환한 몸매 하나
흰둥이라는 애칭 붙여놓고 오가다 눈을 맞추곤 했지
억수장마 지던 날 범람할 듯 물의 혓바닥 넘실거리다가
수초만 걸어놓고 빠져나간 뒤 내 사랑은 보이지 않았네

한강으로 멀리 흘러갔나
바다 밑 용궁에라도 가버렸나
날마다 오르내려도 개천이 텅 빈 것 같았지
오늘도 천년 매화도 앞 징검다리에 앉아
내 은빛 사랑을 기다리네

제비뽑기

비가 곧 쏟아질 듯 우중충한 날 자유로를 날아온 19마리의 제비들이
아파트 관리권을 낙찰받으러 시영아파트 회의실에 모였다

제각기 감춰둔 운칠기삼(運七氣三) 스킬로
두 손 모아 간절히 기도하며 제비뽑기 순서를 기다린다

첫 번째 입찰자가 복주머니를 마구 저어서 하나를 들어올렸다
꽝이요!

두 번째 세 번째 네 번째…
드디어 일곱 번째 내 차례다
힘차게 뽑아 펼쳤다
혜진종합관리, 당첨입니다

행운의 7번째 순서와
갈고 닦은 황금손이 만나서
잭팟을 터뜨렸다

어떤 운명론자는 제비뽑기야말로

우연을 가장한 필연이라고 주장하고 있지

* 최저가낙찰제 : 입찰 업체들 중 가장 최저 금액으로 입찰하여 낙찰받을 수 있는 제도로 최저가 입찰 19개 업체 중 1곳만 낙찰받으며 제비뽑기 등 다양한 방식으로 진행하여 당첨된다. 평균 1개 아파트 단지에 경비원 6명이 근무한다면 11개 단지를 한꺼번에 낙찰받는것 것은 운칠기삼이다.

〈수필〉

아직도 '짭새'가 살아있네

내가 주로 하고 있는 일은 국민의 생명과 재산을 보호하는 것이다. 이를 위해 금융기관이나 상가, 주택이 밀집된 곳 등을 꼼꼼하게 살핀다. 범죄를 예방하기 위해 순찰하면서 주민들을 만나며 지역공동체의 치안 유지에 만전을 기하고 있다.

그런데 오늘 황당한 이야기를 듣게 되었다. 1인여성사업장을 살펴보려고 마음먹고 평소 알고 지내는 길림상사라는 회사에 갔다. 그 회사 대표님과 인사를 나누는데 옆에서 알바를 하는 분도 계셨다. 두 분 모두 여성이었다. 인사를 나누는 데 대표님께서 알바 하러 온 사람이 친구라며 소개를 했다. 옆으로 다가가 파출소장 명함을 건네니 "오, 짭새네요"라며 너털웃음을 지었다. 불쾌한 감정을 애써 참고 말을 이어갔다.

"선생님은 평소에 경찰관을 짭새라고 부르시나 봐요."라며 말을 건네자 자신의 친한 친구 이야기를 했다.

"내 친구도 형사과에 근무하고 있는데, 그냥 짭새라고 불러요. 그 친구는 좋아하던 걸요. 그렇게 불러도 되는 줄 알고 그냥 스스럼없이 부르고 있어요."라며 이야기를 했다. "저는 좋은 의미로 드린 말씀이에요. 듣기 거슬렸다면 사과드릴게요."

이렇게 사과하는 상대를 보니 도리어 나 스스로 옹졸한 사람인가 싶은 생각이 들었다. 그런데 '짭새'란 말을 이번에만 들을 게 아니었다. 물론 느닷없이 여성분에게 들어 당혹스러웠긴 했다.

몇 달 전 경찰관 동료들과 후배들이랑 저녁을 먹을 때였다. 후배들 중 한 명인 민식이가 후배 경찰관인 임 경위에게 '새'라고 몇 번 부르더니 급기야는 '짭새'라는 호칭을 했다. 물론 임 경위랑 나의 후배들이 잘 알고 지내는 사이라 이물이 없어서 한 행동이긴 했다. 그 소리를 듣는 순간 같은 경찰관들은 당황했으나 임 경위는 대수롭지 않은 듯 묵묵히 식사를 했다.

'짭새'라는 소리를 들어서 그런지 식사 자리가 거북하고 앉아 있기가 힘이 들었다. 내색을 하지 않고 참으려니 고통스럽기까지 했다. 밥 먹는 와중에도 임 경위에게 민식이는 웃으면서 '짭새', '짭새'라는 소리를 계속했다. 식사가 끝날 때까지 그 소리를 몇 번은 더 들어야 했다.

그 자리에서 정색하며 이야기를 하자니 분위기도 가라앉을 것 같았다. 무엇보다 후배 민식이의 체면이 구겨질 거 같아 참고 있었다. 헤어지고 나서 민식이에게 전화를 했다.

그동안 친동생처럼 지내 왔는데 민식이, 자네 입에서 '짭새'라는 호칭을 처음 들었다. '짭새'라는 호칭이 듣기 불편하다. 임 경위 만날 때마다 그렇게 불렀던 것이냐? 만일 그랬다면 아마도 임경위도 내 마음과 같을 거다. 다시는 경찰관들에게 '짭새'라 부르지 않도록 당부를 했다. 남의 직업을 폄하하는 호칭은 삼가야 한다며 내 마음을 전했다. 민식이한테 짭새에 대한 기원을 알려주자. 서글서글한 민식이가 얼른, 진정 어린 마음으로 사과를 했다.

그렇게 사과를 받았지만, 너무 심했나 싶어 다음날 민식이한테 전화를 해서 내가 너무 심하게 한 것 같다며 사과 아닌 사과를 했다. 그러자 민식이가 "형님, 당연한 말씀 하신 거예요. 언제든 거슬리는 행동을 보시면 따끔하게 지적해 주십시오. 앞으로 경찰관 부를 때 주의하겠습니다."라고 하더니 갑자기 '충성!'이란 구호를 외쳐서 같이 웃었다.

문제가 된 '짭새'의 기원을 살펴보면 다음과 같다.

이 어휘가 만들어질 시절에는 사진사를 '찍새', 구두 닦는 사람을 '딱새' 등으로 불렀다. 그 직업의 속성에 '~새'

라는 단어를 붙여 비하하는 의미의 속칭을 만드는 것이 유행이었다. 같은 맥락으로 범죄자를 잡는 경찰관에게는 '잡새'를 거쳐 '짭새'라는 별명이 붙었다. 이것은 학문적으로 검증된 것은 아니고 순전히 전해오는 속설일 뿐이다.

원래는 경찰을 비롯하여 판사, 검사 등의 법 집행 관련 공무원들을 싸잡아서 부정적으로 이르는 말이었다. 과거 대한민국이 독재 및 쿠데타를 거치면서 민주주의 가치가 땅바닥으로 떨어졌다. 그 결과 부정부패와 시민학대가 만연해 있던 시기였다. 이런 연유로 국민들과 직접적으로 마주치는 경찰관 및 법조인들이 주 타깃이 됐다. 경찰이 '짭새'라고 본격적으로 불리기 시작한 시기는 10.26사태 이후 신군부가 들어서면서이다. 사복을 입고 대학교에 들어와 학생을 연행해 가는 소위 '사복 경찰관'을 보고 대학생들이 잡새, 짭새라고 경멸하며 불렀던 것이 기원이다

물론 그동안 경찰관에 대한 부정적인 인식이 많았던 것이 사실이다. 일례로 공무원이 사건이나 민원과 관련하여 돈을 받아먹고 축소하거나 은폐한 사실들이 뉴스나 신문에 실리기도 한다. 교통경찰이 길거리에서 단속하며 돈 받고 눈감아 주는 등의 일이 있어서 시민의 시선이 곱지 않았다

하지만 많이 알려지지 않아서 그렇지만 선행 경찰관의 이야기는 수도 없이 많다. 햇볕을 쬐고 싶어 하는 주민을

위해 즉시 출동해 햇볕을 쬐도록 해준 일이나 수능 보는 날 수험표를 가져오지 않아서 발을 동동 구르고 있던 수험생의 사건도 있다. 사이렌을 울리며 집까지 출동해 수험표를 가져다가 시험장까지 안전하게 데려다주어 무사히 시험을 보도록 한 사례도 있고, 늦잠을 자는 바람에 시험 시간에 늦은 수험생을 학교까지 태워준 사례도 있다.

실제 나의 경험을 말하자면 대형 화재로 번질 수 있는 현장에서 신속하게 대처한 경우가 있다. 주택가 순찰 중 타는 듯한 냄새가 나 직감적으로 화재라는 생각이 들었다. 다세대 4층 건물 빌라 2층에서 연기 나는 것을 발견하고 신속하게 현장으로 뛰어갔다. 지층부터 4층까지 문을 두들겨서 불이 났음을 알리고 빨리 대피하도록 외치면서 주택가를 수색했다. 이동이 불편한 장애인을 업고 나와 장애인을 구했음은 물론 사람들을 재빨리 대피시키고 초기에 소화기로 진화해 미연에 대형 화재를 방지한 일이 있다.

현장에는 사건 사고가 끊이지 않는다. 곡괭이로 사람을 위협하는 신고를 받고 즉시 출동해 특수협박범을 현장에서 제압하고 현행범인으로 체포했다. 경찰관의 임무가 꼭 범인 검거에만 있지는 않다. 연말연시가 되면 불우이웃에게 말벗이 되어주고 불편한 곳은 없는지 살펴보며 봉사활동을 하는 등 대중에게 알려지지 않은 선행과 관련된 이야기는 수도 없이 많다.

“우리는 소유하기 위해서 일하는 것이 아니라, 진정한 자신이 되기 위해서 일한다.”라는 말처럼 ‘진정한 자신이 되기’ 위해 일을 한다. ‘진정한 자신’이 되기 위한 것에 우열이 있을 수 없다. 마찬가지로 수많은 일 들이 모인 직업에도 귀천이 없다. 그럼에도 불구하고 일부 직업에 대한 폄하가 아직도 사라지지 않고 있다. 아직도 경찰을 ‘짭새’라고 부를 정도로 경찰관을 폄훼하거나 부정적으로 보는 시각이 있는 것 또한 사실이다.

이는 그 직업을 천시하는 사람에게도 문제가 있지만 그렇게 괄시당해도 두말없이 수용하는 사람도 문제이긴 하다. ‘잡새’가 됐든 ‘짭새’가 됐든 간에 남들에게 도움을 주는 내가 하는 이 업(業)을 사랑한다.

“나는 평생 단 하루도 노동을 해본 적이 없다. 일하는 그 자체가 기쁨이고 즐거움이었다.”라고 한 에머슨의 말로 나의 직업에 대한 마음을 전해본다.

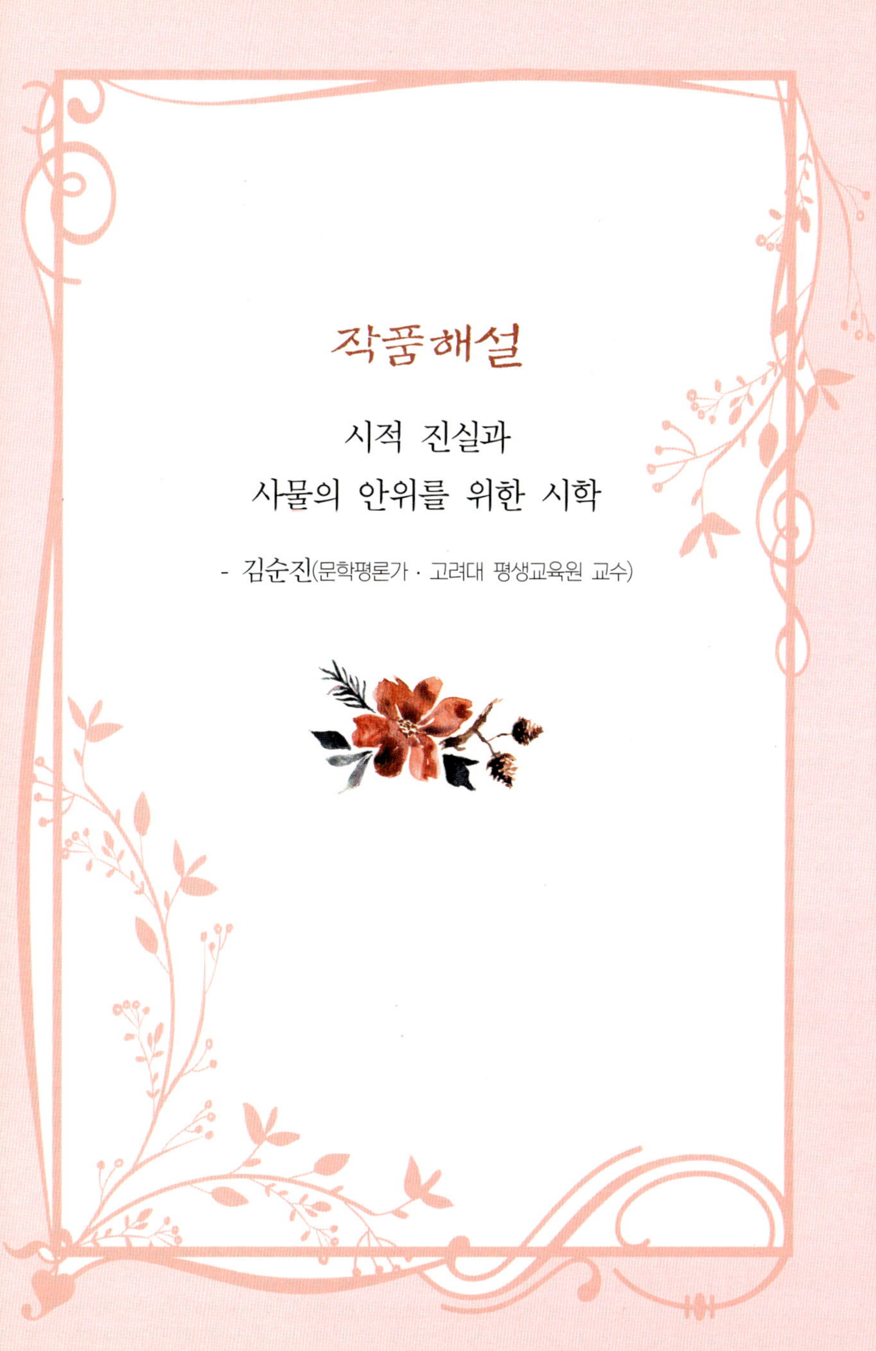

작품해설

시적 진실과 사물의 안위를 위한 시학

- 김순진(문학평론가 · 고려대 평생교육원 교수)

시적 진실과 사물의 안위를 위한 시학

김 순 진

전상욱 시인은 평생 경찰공무원으로 사회에 봉사해온 분이다. 그는 평소 도봉구에 살면서 도봉구민들과 어울리며 이웃들의 안위를 위해 일해왔다. 범죄로부터 주민을 보호하는 직책으로 평생을 보내온 그의 관심은 사람과 차량, 동물과 자연까지도 안전하게 살고 자라야 한다는 보호의 측면에 초점이 맞추어져 있었다. 그리고 정년퇴임 후 그는 경비지도사라는 새로운 직업으로 환승하여 제2의 인생을 시작하며 새롭게 출발하고 있다. 제2의 직업 역시 경비와 관련된 일이고 보면 평생 해온 직업 경찰관의 임무인 안전과 보호의 연장선상에 있다고 해도 과언이 아니다. 그래서 그는 늘 사람이 먼저라는 생각을 해왔다. 사실 사람의 목숨보다 중요한 것은 없다. 우리 개인들은 행복하기 위해 살고 있고, 전상욱 시인 같은 분은 우리의 행복을 지켜주기 위해 살아왔고, 한동안 또다시 경비지도사를 하면서 우리의 행복을 지켜주는 일을 해갈 것이다.

그런 사람이 어떻게 이리 시를 잘 쓸 수 있는지 정말 깜짝 놀랐다. 그는 단순히 시를 좋아하는 수준이 아니라 본격 시인으로 성장하고 있다. 그의 시는 감상이 주된 재료가 아니라, 그간 살아온 경험을 바탕으로 한 스토리시를 주로 써내려가면서, 겸손, 인내, 배려 등의 인간성에 초점을 맞춘다. 그리하여 시는 자기과시용이거나 액세서리가 아니라 진실된 삶의 반영임을 독자에게 주지한다. 그럼 이쯤에서 전상욱 시인의 시적 진실과 사물의 안위를 위한 시학이 어떻게 전개되고 있는가를 살펴보기로 하자.

> 오늘 점심 밥상에 울릉도 앞 바다 한 접시 올라왔다
> 울퉁불퉁 투박한 생김새
> 심해 바위에 부딪히며 생긴 숨구멍에서 갯바람이 나올 것 같다
>
> 곰피 꿩피 개피 닭피 말피 몸피 새피 소피 양피 쥐피 기린피 노루피 돼지피 사슴피 여우피 고양이피 원숭이피 코끼리피 호랑이피

동물 혈관에 흐르는 피
사람 겉모습 몸피
깊은 바다 밑 바위 위에 자라는 곰피
서로 닮지 않은 피

밀물과 썰물에 온몸으로 부대낀 해초
오돌오돌 쌉싸름한 쇠미역
몸속 피를 맑게 해 주는 곰피를 마시다

내 삶의 피로를 풀어주는 곰피에게
다시마가 마법의 주문을 외친다
다시마가 곰보되면 곰피되라!

– 「곰피를 마시다」 전문

곰피란 단어를 분해해 보면 곰의 피라는 느낌이 있다. 동음이의어에서 착안된 묘사심상법의 시라 할 수 있다. 곰피는 해조류에 속한다. 해조류란 해수에 서식하는 광합성 식물을 말한다. 해수에서 서식하는지, 담수에서 서식하는지에 따라 해조류와 담수조류로 구분되는데, 이들은 바다에서 물고기, 해삼, 멍게 등 해양 동물들의 먹이가 될 뿐만 아니라, 그들의 중요한 서식처가 된다. 우리나라 사람들이 좋아하는 해조류에는 다시마, 미역, 김, 감태, 청각, 파래,

우뭇가사리, 꼬시래기, 톳, 곰피 등이 있다. 그중에서도 우리나라 사람들이 특별히 좋아하는 해조류가 있으니 생일이나 아기를 낳았을 때면 꼭 먹어온 미역과 국물을 내거나 건강식으로 먹어온 다시마, 그리고 반찬용으로 먹어온 김이 그것이다. 그런데 최근 20여 년 전부터는 겨울철이면 시장에서 주부들에게 각광받는 해조류가 있으니 이름하여 곰피다. 주로 뜨거운 물에 데쳐 쌈으로 먹는데, 미역처럼 생겼으나 표면에 오돌도돌한 줄기가 있고 구멍이 숭숭 뚫어져 있고, 식감 또한 오독오독해 먹는 사람으로 하여금 자주 손이 가게 한다. 이 시는 곰피의 '피'라는 말에 착안에 말놀이를 하고 있는데 피란 뜻은 크게 두 가지를 의미한다. 그 하나는 혈액을 뜻하는 피(血, blood)이고, 또 다른 하나는 과일 껍질 등에서 볼 수 있는 피(皮, skin)이다. 그런데 여기서 전상욱 시인이 열거한 "곰피 꿩피 개피 닭피 말피 몸피 새피 소피 양피 쥐피 기린피 노루피 돼지피 사슴피 여우피 고양이피 원숭이피 코끼리피 호랑이피"는 전자인 피(血, blood)의 개념이고, "다시마가 곰보되면 곰피되라!"에서의 '피'는 후자인 피(皮, skin)의 개념이다. 말하자면 훈련된 시인만이 써낼 수 있는 고도의 묘사기술을 선보이고 있는 셈이다.

다음 시 한 수를 더 읽어 보자.

연초에 로또 복권을 사서
주머니에 몇 주 째 넣고 다닌다
온라인복권 결합인쇄복권 전자복권
인생 역전을 설계하며 오늘도 설레인다
45개 숫자 중 6개 그리기도 하고
꿈도 꾸다가 행운 번호로 압축했지

05, 15, 28, 36, 42, 43
10, 13, 28, 37, 38, 39
01, 03, 04, 28, 39, 43
01, 05, 19, 25, 29, 39
03, 07, 12, 20, 24, 33

이번 주는 4등과 5등 당첨되었네
눈이 오나 바람이 부나
자식을 생각하다가 인생이 저물어간다
건강하라고 행복하라고 그저 잘되라고
빌고 또 기도한다
자식들은 우리의 미래요
긁지 않은 희망의 복권이다

- 「긁지 않은 복권」 전문

이 역시 묘사심상법에 의해 쓰여진 시다. 전 시인은 낯선 복권의 숫자 개념을 시에 끌어들여 독자를 환기시킨다. 일찍이 이렇게 복권을 사며 썼던 로또복권의 숫자 카드를 시에 접목시킨 시인이 있을까 싶다. 우리나라 사람들 중에 로또복권 한 번 사지 않은 사람이 있었을까 싶다. 지난날 주택복권이 500만 원의 상금을 주었다면 로또복권은 그의 수십 배인 20억 원 이상의 당첨금을 타게 된다는 말에 로또복권이 세상에 처음 출시될 때에는 너도나도 복권을 사기 위해 긴 줄을 섰던 기억이 눈에 선하다. 그러나 우리는 이미 로또복권에 당첨되어 이 땅에 왔음을 잊지 말아야 한다. 윤회를 믿는 것은 아니지만, 불가(佛家)에서는 사람으로 태어날 확률이 지극히 희박하다고 한다. 인간으로 다시 태어난다는 것은 낙타가 바늘구멍으로 들어가는 것처럼 매우 어려운 일이라고 한다. 수미산 정상에서 겨자씨 한 알을 지상에 던지고 이어서 바늘 하나를 던졌을 때, 그 바늘이 그 겨자씨에 딱 꽂히는 확률이라고 하니 얼마나 여려운 일이겠는가? 눈먼 거북이가 풍랑을 만나 만경창파 푸른 바다에서 구멍 뚫린 통나무에 제 목을 꿸 수 있는 확률이라고 하니 가히 얼마나 어려운 일인지 상상이 안 된다. 인도 갠지스강 강가의 수많은 모래알 중에 모래 한 톨이 우리의 손톱에 오를 만큼의 확률도 안 되는 게 인간으로 태어날 확률이라니, 인간으로 태어난 것이 로또에 당첨된 것보다 더 감사해야 하는 일인 것이다. 게다가 대한민국에서 태어났다는 것 자체가 로또다. 요즘 세상이 어찌 된 일인지 전 세계 사람들은 K팝과 팝, K무비와 무비, K드라마와 드라마, K푸드와 푸드, K뷰티와 뷰티, K패션과 패션 등 세계를 한국과 양분하고 있다. 오늘 현재 세계 인구의 수는 80억 2,590만 명으로 집계된다. 그중에 나는 인간으로 태어났고 게다가 한국인으로 태어났으니 얼마나 감사한 일인가. 한국 사람은 아무리 가난한 사람이라 해도 그 집에 들어가 보면 수백 벌의 옷과 수십 켤레의 신발과 수십 개의 가방과 이루 세지 못할 돈 주고 산 잡동사니들로 넘쳐난다. 그러므로 한국 사람들은 모두 억만장자다. 이 모든 것을 미루어볼 때 나는 로또복권에 당첨된 것이 틀림없는 사실이다. 전 시인의 말처럼 "자식들은 우리들의 미래요, 긁지 않은 희망의 복권"이다. 이제 로또복권을 사지 말고 눈을 돌려 자식들을 위해 투자하자.

직장 생활 35년을 마치고
가정으로 돌아온 나는 초보주부다

4인분 기준 준비물
미소된장 3순가락 물 1200ml 멸치다시팩 1봉지
두부 230g 팽이버섯 70g 쪽파 약간
소리 없이 빙긋이 웃는 미소 3소끔

준비물 완벽히 갖추고
생애 첫 미소된장국 요리에 도전한다
냄비에다 물을 붓고 멸치다시팩 넣는다
두부는 주사위 모양으로 썰어야 하는데
삐뚤어진 하얀 조약돌이 되었다
팽이버섯의 밑동을 자르고 준비한 재료를 차례로 넣는다
마지막 남은 준비물
냄비를 향해 소리 없이 3번 빙긋이 웃어준다
미소가 들어가야 제맛이지 하며 냄비가 맞장구 친다

내 이름은 삼식이!
은퇴남편증후군에서 벗어나게 하려고
아내에게 미소 지으며 가사노동 분담 중이다

- 「미소된장국」 전문

미소된장은 일본식 된장이다. 우리나라 고유의 조선된장국은 오래 끓일수록 맛이 나는 반면 미소된장국은 오래 끓이면 텁텁해지기 때문에 한 번 먹을 양만 끓여서 먹는 게

좋다고 한다. 전상욱 시인이 끓이려고 하는 것은 미소된장국이 아니다. 미소가 가미된 된장국이다. 다소 서툴지만 아내와 가족을 위한 남자의 요리는 모든 아내들이 바라던 바다. 남편들이 오랜 직장생활에서 정년퇴직을 하고 돌아오게 되면 아내들은 미리부터 겁을 낸다고 한다. 이를테면 삼식(三食)이를 떠받들고 살아야 하니 얼마나 무서울까? 남편이 아침에 출근했다가 밤늦게 들어오고, 그것도 가끔 '야근이다, 회식이다'하여 저녁밥을 먹고 들어와야, 좋아하는 TV도 넋을 놓고 볼 수 있고, 이웃집 철이 엄마랑 수다도 떨 수 있으며, 가끔 고향 친구를 만나 공부 못하던 덕자가 큰 부자가 된 이야기며, 예쁜 척하던 영란이가 보톡스를 많이 맞아 얼굴이 상한 흉이며, 부잣집 딸 판례가 망한 이야기도 쉬쉬하며 밀담으로 나눌 수 있는데, 남편이 삼식이가 돼서 집으로 들어와 앉으면, 이도 저도 다 엉켜지니 낭패도 이만저만 낭패가 아닐 듯싶다. 남자들이여, 전상욱 시인처럼 요리를 배우자. 이제 아내를 시창작교실로 영화관으로 문화센터로 보내자. 자주 아내를 부재중으로 만들자. 홀로서기 연습을 하자. 그래서 밥을 무기 삼아 휘두르는 가정의 권력을 약화시키기 위해서는 앞치마를 두르고 입에 미소를 머금은 채 미소된장국을 끓여보자. 시금

치국이나 근댓국에 멸치와 다시다만 넣지 말고, 수십 년 동안 해온 직장생활에서 곰삭혀온 울분을 끓이고, 상사의 욕지거리와 치사빤스를 중불로 우려내자. 그리고 그 위에 사랑 한 스푼 첨가하여 미소된장국을 한소끔 끓여내 가정의 화목을 이어가자.

새벽 05시 고요함을 깨뜨리며 파출소 전화벨이 요란하다
도봉산 둘레길 쉼터 자동판매기의 현금을 털어갔다는 신고 전화다
J경찰관 등 4명은 현장으로 달려가서 폴리스라인을 설치했다
과학수사팀에서는 지문과 족적을 찾으며
형사2팀은 등산객을 대상으로 탐문수사가 시작된다
도봉산 정문 주변 CCTV를 확인 중 다파라편의점
500원권 동전을 수북이 꺼내 놓으며
담배 1보루를 사는 것을 발견하고 그를 전국에 수배한다
산모기와 전투를 벌이며 잠복근무 15일째가 되는 새벽 03시쯤
어디선가 발자국소리가 들렸다
형사들은 의지를 불태우며 숨을 죽이며 때를 기다렸다
그는 자연스럽게 등산 가방에서 빠루를 꺼내
음료수자판기 현금통을 해체하기 시작한다
J경찰관과 L형사는 재빨리 제압하고 등산가방을 확인하니
현금 5,500만 원과 1억5천만 원어치의 귀금속이 발견되었다
범인은 51세의 노총각으로 어릴 때부터 산을 좋아했고
전국의 산을 돌아다니며 33차례의 물건을 훔쳤다고 자백했다

다음 날 아침 6시 KTV 뉴스에서는 특수절도범 검거 유공으로
J경찰관과 L형사를 1계급씩 특진한다는 자막이 흘러나오고
있다
J경찰관은 이 상황을 부인에게 알리려고 휴대폰을 찾는 순간
휴대폰에서 알람소리가 시끄럽게 울려 퍼진다

J경찰관은 퇴직한 지 15년이 지났지만
지금도 밤손님을 만나는 꿈을 꾸곤 한다

-「특진」 전문

이 시에서 나오는 J경찰관은 전상욱 경찰관이다. 말하자면 경험담을 쓴 시다. 범인을 검거하기 위해 그 무덥던 여름날 무려 15일이나 모기에게 헌혈하며 잠복근무를 섰다고 하니 일선의 경찰관들이 얼마나 고생이 많은지 과히 짐작이 간다. 그런 위험하고 어려운 일을 하는 사람들에게 우리는 교통신호 위반이나 보행자 위반, 담배꽁초 투척이나 노상방료 등의 자기 잘못으로 인해 딱지를 끊으면, '짭새'라는 은어로 그들의 수고를 비하하곤 했다. 짭새라는 은어는 원래 어떤 사람의 직업과 관련된 사람이란 뜻의 '사(士)'에 주격조사 'ㅣ'가 첨가된 '새'로부터 비롯되었다. 그래서 이발사를 깎새라 했고, 구두닦이를 딱새라 하며, 사진

사를 찍새라고하는데, 짧새는 '잡는 사람'의 함축어인 '잡새'에서 '짭새'로 경음화된 경우다. 따라서 짭새의 '새'라는 뜻은 결국 사람이란 뜻의 '사(事)'에 주격조사 'ㅣ'가 첨가된 '새'의 뜻이니 일사(事)가 붙은 경우라 그렇게 비하된 말도 아님을 당사자들이 알아주었으면 좋겠다. 직업에는 수많은 접미사가 있다. 보통 소설가, 수필가, 자유기고가 등의 가(家), 경찰관, 재판관, 법관 등의 관(官), 기술업에 종사하는 선반공, 배관공 벽돌공 등의 공(工), 어부 농부 청소부 등의 부(夫), 가수, 무용수, 기수 등의 수(手), 공무원, 회사원, 판매원 등의 원(員), 시인, 철인, 성인 등의 인(人) 등이 있는데, 그중에서도 특히 판사, 형사, 검사 등의 사(事)와 회계사, 변호사, 통역사 등의 사(士), 그리고 교사, 요리사, 사진사 등의 사(師)는 앞서 말한 '사(事)'에 주격조사 'ㅣ'가 첨가된 '새'가 되는 것으로 그 직업과 사람의 능력에 대한 우수성을 높이 평가한 은어라 할 수 있다. 밤을 새워 우리의 생명을 지키는 모든 경찰관들에게 경의를 표한다.

그분은 수령 600년
방학동 우리 마을 수호자
세월의 면류관 쓰고 홀로 서 있다

하늘 맞닿을 듯
높은 가지에 품은 새둥지
겨울맞이로 분주하네

세월 이길 장사 없다더니
푹 파인 허리춤 시멘트로 두른 채
골다공증을 견디고 있다

지나간 한 해 그냥 보낼 수 없어
몇 개 쥐고 있던 은행잎
원당샘공원 길손에게 뿌려준다

오늘도
방학동 은행나무 할아버지는
가고 오지 않는 학(鶴)을 기다리고 있다

– 「은행나무 평전(評傳)」

위의 시에서 언급된 방학동 은행나무는 연산군묘 앞에 위치한 서울특별시 도봉구 해등로32가길 16의 수령 600년의 은행나무로 나도 여러 번 가서 본 적이 있다. 이 나무는 현재 공식적으로 나무의 높이 25m, 둘레 10.7m, 직경 2.5m로 기록되어 있다. 실로 엄청난 크기의 은행나무다.

은행나무는 암수가 있다. 이 은행나무는 나무의 하단부 중간쯤에 남자의 큰 성기 같은 모양의 가지가 있는 수나무로 몇 번의 죽을 고비를 넘겼는데, 조선시대 말 고종이 경복궁을 중건할 때 이 은행나무가 징목의 대상이었으나, 주민들이 대원군에게 탄원하여 징목대상에서 제외되었고, 1970년에는 내부에서 불이나 무려 12일 동안이나 연기가 났음에도 살아남았다고 당시 경향신문이 전하고 있으며, 특히 내가 북한산을 등산하다가 팔씨름왕으로 만난 '자연의 친구들' 대표 차준엽 씨가 1991년 방학동을 개발할 때 북한산 은행나무 살리기에 목숨을 걸고 단식투쟁에 들어가 개발에서 제외되었고, 그는 그해 올해의 환경인상을 수상하게 되었으며 이듬해 브라질 리우에서 개최된 지구환경회의에서 방학동 은행나무가 '지구촌 생명나무'로 선정되기도 했다. 그리고 2006년에는 아파트를 건설할 경우 지하주차장 등의 문제로 뿌리가 고사될 위험이 있다고 하여 지정보호수의 보호를 위해 조성공사를 추진하게 해달라는 주민들의 청원에 따라 공원이 돼 오늘에 이르렀으니, 저 600년 은행나무의 길고 지난한 삶이 얼마나 어려웠는지 가늠이 된다. 이런 나의 설명은 평생 도봉구와 방학동을 위해 헌신한 전상욱 시인이 왜 이 시집의 제목을 『은행나무 평전』이라 칭

하려 했는지, 그 중요성을 되짚어보게 하는 대목이다.

내 얼굴 속에 두 권의 동화책이
잔주름 속에 숨어 있다

눈가의 상처는
고모 등에 업혀서 영화 보러 가던 중
누가 던진 돌에 맞았을 때 쓰인 책

이마에 패인 골짜기는
여동생과 게임을 하다가
흙 인형에 맞았을 때 집필된 책이다

웃음보따리 풀어놓을 때마다
상처 진 자리
조금씩 덮어가며 생긴
잔주름

60년 세상살이에
내가 쓴 최고의 베스트셀러다

- 「두 권의 동화책」 전문

처음 시를 쓰러 나온 시인들이나, 시가 잘 써지지 않는다는 시인들은 내게 곧잘 질문을 해온다. "교수님, 어떤 책을 읽어야 시를 잘 쓸 수 있을까요?" 그러면 나는 바로 "지금 그 책을 읽으세요."라고 대답한다. 그 대답에 사람들은 의아해한다. 손에도 책이 들려 있지 않고, 눈앞에도 책이 보이지 않는데, 대체 무슨 책을 읽으라는 것일까? 활자화된 종이책만이 책은 아니다. 아버지라는 책, 얼굴이라는 책, 백발이라는 책, 손이라는 책, 신발이라는 책은 얼마나 심오한 진실이 들어있는지 미뤄 짐작하고도 남음이 있다. 요즘은 공중화장실이 매우 깨끗해져 세계적인 명성을 드날리고 있지만, 30여 년 전만 해도 당시에는 공중화장실에 들어가면 수많은 낙서가 있었다. "애인 구함"이란 낙서에서부터 "신장 매매", "OOO 개새끼 죽여버려"에 이르기까지 다양한 낙서가 공존해왔다. 오죽 장가를 가고 싶었으면 그 더러운 푸세식 화장실에 벽에다 자기의 두 자리 수 전화번호를 적어놓으며 애인을 구하고 싶었을까? 그 노총각은 아마도 단 한 번도 여자와의 스킨십이나 전화번호조차 가지고 있지 않은 더벅머리 총각이었을 것 같다. 범죄집단이 어떻게든지 돈을 벌어볼 요량으로 무고한 시민의 장기를 돈 주고 산다는 꼬임의 "장기 매매"를 보고 전화를 한 사람은 아마도 몇 사람쯤은 이 세상 사람이 아니었을는지 모른다. 학교에서 왕따를 당하며 힘은 없고 억울하기는 하니까 어디 하소연할 데가 없어서 화장실 벽에다 "OOO 개새끼 죽여버려"라고 쓴 어느 학생의 낙서에 울분이 올라온다. 전상욱 시인은 앞서 살펴본 시에서 이미 방학동의 은행나무를 숙독하고 그의 평전을 썼다. 그리고 지금 그는 자기의 얼굴 속에 숨어 있는 "고모 등에 업혀서 영화 보러 가던 중 / 누가 던진 돌에 맞았을 때 쓰인" 『눈가의 상처』라는 책과 "여동생과 게임을 하다가 / 흙 인형에 맞았을 때 집필된" 『이마에 패인 골짜기』라는 책을 쓰고 있는 것이다. 그러니 '도마'라는 책과 '부엌칼'이라는 책, '컵'이라는 책과 '빈 지갑'이라는 책이 얼마나 시에서 중요한 책인가를 가늠해본다.

위에서 살펴본 바와 같이 전상욱 시인의 시 몇 수를 읽으며 전상욱 시인의 시세계를 여행해 보았다. 전상욱 경찰관이 시인이 된 이후부터는 어떻게 하면 시적 진실, 즉 스토리를 발굴, 보존할까에 관심을 두고 있다. 그래서 그는 스토리를 실어 나르는 객관적 상관물 즉 사물과의 친목을 도모하여 사물과의 화합을 꾀하고 있다. 말하자면 그의 시는 시적 진실과 사물의 안위를 위한 시학이라 해도 좋겠다. 그의 시에는 거의 모두가 시적 진실, 즉 이야기를 적극적으로 끌어들임으로써, 그간 엇나가거나 소통되지 않고 반목해온 사람들의 사연마저 그의 시 속에서는 용서와 화합으로 이끌고 있다.

첫 시집의 상재를 진심으로 축하드린다.

전상욱 시집

은행나무 평전

초판발행일 2023년 4월 29일

지은이 : 전상욱
펴낸곳 : 도서출판 문학공원
발행인 : 김순진
편집장 : 전하라
디자인 : 김초롱
등　록 : 2004년 3월 9일 제6-706호
주　소 : (우편번호 03382)서울 은평구 통일로 633
　　　　녹번오피스텔 501동 302호 스토리문학사
전 화 : 02-2234-1666
팩 스 : 02-2236-1666
홈페이지 : http://www.munhakpark.com
이메일 : 4615562@hanmail.net

※ 잘못된 책은 교환해 드립니다.
※ 책값은 뒤표지에 있습니다.